# 마법의 두루마리 ④

## 뒤주에 갇힌 사도 세자

글 강무홍 | 그림 이정강
감수 신병주

햇살과나무꾼

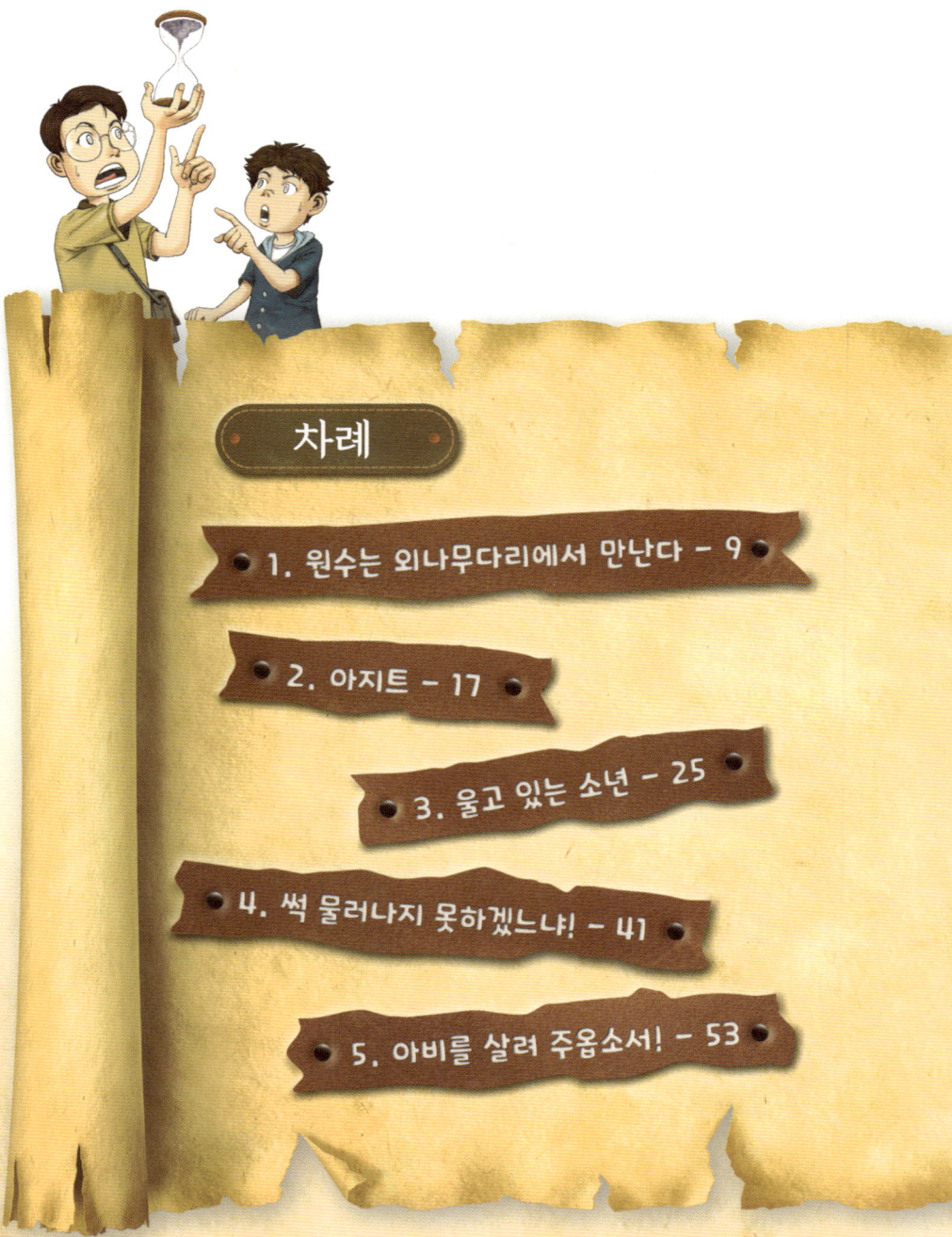

## 차례

- 1. 원수는 외나무다리에서 만난다 - 9
- 2. 아지트 - 17
- 3. 울고 있는 소년 - 25
- 4. 썩 물러나지 못하겠느냐! - 41
- 5. 아비를 살려 주옵소서! - 53

# 뒤주에 갇힌 사도 세자

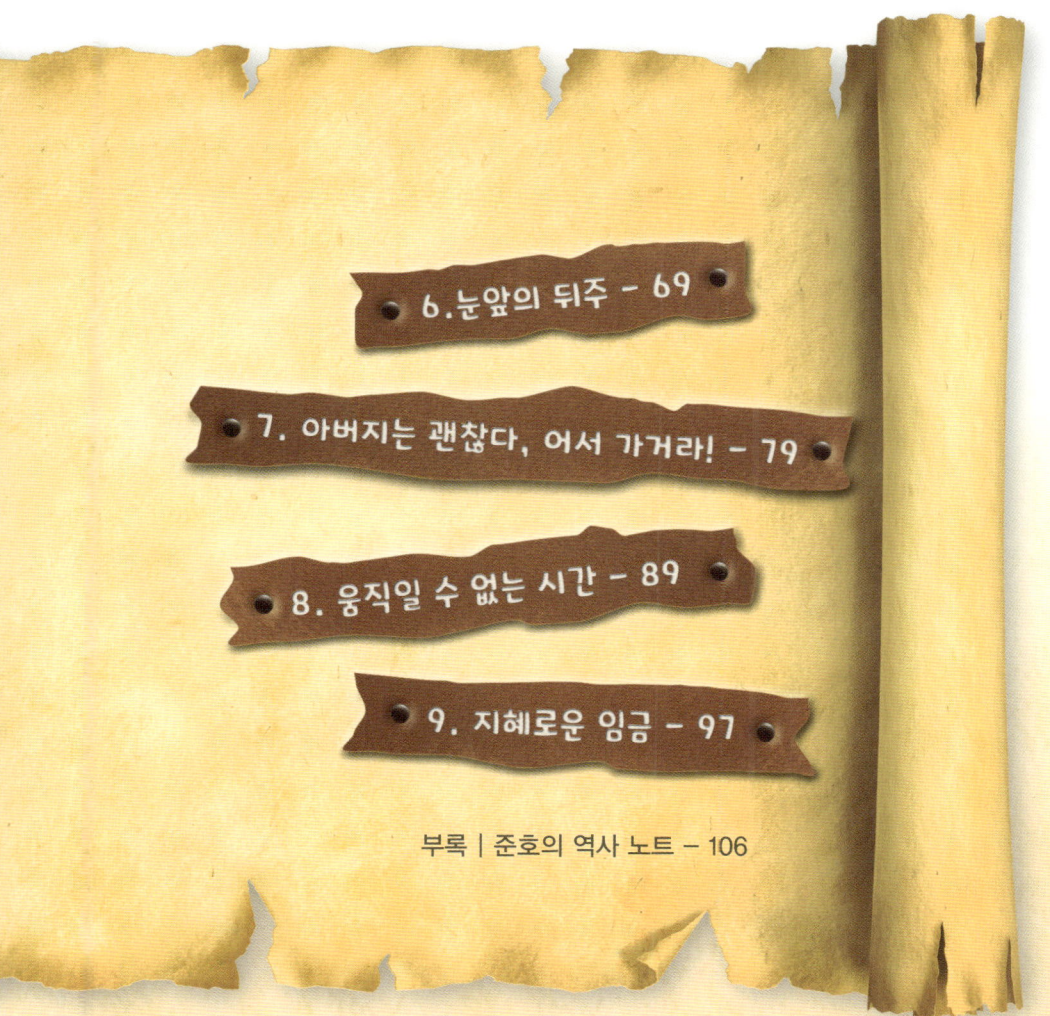

6. 눈앞의 뒤주 - 69

7. 아버지는 괜찮다, 어서 가거라! - 79

8. 움직일 수 없는 시간 - 89

9. 지혜로운 임금 - 97

부록 | 준호의 역사 노트 - 106

## 마법의 두루마리를 펼치기 전에

 호기심 많은 형제 준호와 민호는 역사학자인 아빠를 따라 경주의 작은 마을로 이사를 간다. 새집 지하실에서 마법의 두루마리를 발견한 둘은 석기 시대, 고려 시대, 조선 시대 등 과거 속으로 여행을 떠난다.
 하지만 과거로 모험이 거듭될수록 마법의 두루마리에 대한 준호와 민호의 궁금증과 불안감은 커져만 간다. 특히 이사 온 첫날 홀연히 나타나 집에 얽힌 비밀을 알려 주었던 여자아이 수진은 그 뒤로 준호와 민호 주위를 맴돌며 의심의 날을 세운다. 그럼에도 호기심을 이기지 못한 준호와 민호는 다시 여행을 떠나고, 여행에서 돌아와 흥분을 감추지 못한 채 이야기를 나누다가 수진에게 들키게 되는데…….

# 1. 원수는 외나무다리에서 만난다

준호와 민호는 무슨 죄라도 지은 듯 그 자리에서 꼼짝도 않고 여자아이를 바라보았다.

원수는 외나무다리에서 만난다더니 강가에서 식물 채집을 하다가, 지하실에 가자는 민호의 유혹에 못 이겨 집으로 가던 길에 딱 마주친 것이다.

여자아이가 말했다.

"저번에 얘기하다 도망갔지? 자, 이제 솔직하게 털어놓으시지. 대체 어디 갔다 온 거야?"

여자아이는 마치 맡겨 놓은 돈이나 물건이라도 있는 것처럼 준호와 민호를 다그쳤다.

준호는 그 말투가 거슬렸지만 너무 당황한 나머지 불쾌한 마음도 잊어버렸다.

"아, 그, 그거……."

준호가 얼굴을 붉히며 말을 더듬었다.

민호가 뻔뻔스럽게 대꾸했다.

"만화 영화에서 본 거라니까! 왜 사람 말을 안 믿어?"

하지만 여자아이도 만만치 않았다. 여자아이가 민호의 코앞에 얼굴을 들이대며 물었다.

"무슨 만화 영화? 제목을 말해 봐! 나더러 그 얘길 믿으라고?"

여자아이의 얼굴이 코앞에 다가오자 민호는 무심코 두어 걸음 물러났다. 여자아이의 기세에 눌린것 같았다.

여자아이가 한 발짝 더 다가오더니, 눈을 번뜩이며 따지고 들었다.

"너희는 분명히 진짜 거북선을 봤다고 했어. 이순신 장군 얘기도 했고. 또 말조심해야 한다는 얘기도 했고. 그렇지?"

 민호는 당황한 나머지 고개를 끄덕였다. 그러다 화들짝 놀라서 고개를 저었다.
 여자아이는 준호는 거들떠보지도 않고 민호만 집요하게 물고 늘어졌다. 여자아이가 민호의 눈을 똑바로 쳐다보며 날카롭게 되물었다.

"그런데 뭐, 만화 영화라고?"

"그, 그래!"

민호가 얼굴을 붉히며 대꾸하자 여자아이도 더는 못 참겠다는 듯 심술궂게 말했다.

"그렇게 자꾸 우길 거야? 그럼 나도 생각이 있어. 너희 엄마 아빠한테 다 얘기할 거야. 너희가 아주 수상하다고. 뭔가 위험한 짓을 하는 것 같다고."

민호는 그만 말문이 막혔다.

준호도 놀라서 눈이 휘둥그레졌다.

'뭐? 엄마 아빠한테 말한다고?'

여자아이는 곧 목소리를 낮추고 부드럽게 말했다.

"비밀은 지켜 줄게. 나도 치사하게 부모님한테 이르는 짓 같은 건 하고 싶지 않아. 내가 이래 봬도 의리 하나는 끝내주거든. 자, 말해 봐, 어디 갔다 온 건지."

민호는 분에 못 이겨 여자아이를 노려보았다. 치사하게 협박을 하다니! 하지만 더 이상 빠져나갈 길이 없었다.

"어휴!"

민호가 항복하려는 듯 어깨를 축 늘어뜨렸다.

"사실은 지하실에서……."

여자아이의 눈빛이 날카롭게 빛났다.

"지하실?"

그 순간 준호가 민호의 옆구리를 쿡 찔렀다.

"민호야, 엄마가 부르시는 것 같지 않아?"

민호는 기다렸다는 듯이 고개를 마구 끄덕이며 소리쳤다.

"그래그래, 빨리 가자! 엄마 화난 것 같아!"

그러고는 냅다 집 쪽으로 달아났다.

"나, 나중에 얘기하자!"

준호도 허겁지겁 말하고는 냉큼 민호를 쫓아갔다.

"야, 너희 거기 안 서!"

여자아이가 쫓아오며 소리쳤지만, 준호와 민호는 돌아보지도 않고 집으로 내달렸다.

여자아이는 둘을 쫓아가다 말고 그 자리에 우뚝 멈춰 섰다. 그러고는 예리한 눈길로 두 아이의 뒷모습을 빤히 바라보았다.

왠지 냄새가 났다. 아주아주 수상한 냄새가.

## 2. 아지트

준호와 민호는 마당으로 들어서자마자 대문을 닫았다. 그리고는 숨을 몰아쉬며 집을 한 바퀴 빙 둘러보았다. 아빠가 서재에서 책 정리를 하고 있었고 집 주위에는 아무도 없었다.

준호와 민호는 여자아이가 쫓아오지 않는 것을 확인하고는 조심스레 지하실로 내려갔다.

지하 골방 문을 열고 안으로 들어가자, 오래된 고지도 냄새와 지하실 특유의 습한 냄새가 와락 달려들며 익숙한 어둠과 정적이 둘을 에워쌌다.

그제야 준호와 민호는 가쁜 숨을 몰아쉬며 그 자리에 주저앉았다. 땀이 비 오듯 쏟아지고 있었다.

"형, 그 애가 엄마 아빠한테 얘기하면 어떡하지?"

민호가 헉헉대며 물었다.

준호도 숨을 헐떡이며 대답했다.

"안 그럴 거야."

민호가 바로 되받아 말했다.

"솔직하게 털어놓지 않으면, 몽땅 일러바친다잖아."

하지만 준호는 여자아이의 마음을 꿰뚫어 보고 있었다.

"아니, 다음에 우리를 만날 때까지는 아무한테도 얘기 안 할 거야. 엄마 아빠한테 일러바치면, 우리가 영영 입을 다물어 버릴 수도 있으니까."

여자아이는 자기한테 털어놓지 않으면 부모님께 일러바치겠다고 했지만, 그 말은 곧 자기한테만 알려 주면 비밀을 지키겠다는 뜻이기도 했다. 그러니 비밀을 알고 싶어서라도 섣불리 일러바칠 리 없다는 얘기였다.

민호는 고개를 끄덕였다. 어쨌든 수진이라는 그 아이가

당장 엄마 아빠한테 일러바치지 않는다는 것만은 확실한 것 같았다.

"하하, 그럼 됐어!"

민호가 활짝 웃으며 말했다. 민호는 이제 골치 아픈 문제 따위는 형한테 맡겨 두고, 신나는 모험을 떠날 생각에 눈을 반짝이며 주위의 두루마리들을 두리번거렸다.

하지만 준호는 이마의 땀을 닦으며 한숨을 내쉬었다. 오늘은 어떻게든 모면했지만 앞으로가 걱정이었다.

여자아이의 집요한 행동으로 봐서 순순히 물러설 것 같지가 않았다. 그렇다고 사실대로 털어놓을 수는 없었다.

아직 두루마리에 대해 풀지 못한 비밀이 너무 많았다. 두루마리를 펼치면 과거로 갔다가, 모래시계의 시간이 다 되면 다시 현재로 돌아온다는 정도밖에 알지 못했다. 저 두루마리가 누구의 것인지, 두루마리가 지닌 마법의 힘이 어느 정도인지도 몰랐다.

더군다나 여자아이가 비밀을 잘 지키리라는 보장도 없었다. 사실 민호의 입을 단속하는 것만 해도 쉬운 일이 아니었다. 방금 전만 해도 민호는 그 여자아이한테 두루마리에 대해 몽땅 털어놓을 뻔하지 않았던가? 그런데 그 여자아이까지 알게 되면, 비밀이 새어 나갈 위험이 더 커질 터였다. 아무래도 둘보다는 셋이 비밀을 유지하기가 더 힘든 법이니까.

'하필이면 그때 나무 위에 있을 게 뭐람!'

준호는 좀 더 주의하지 못했던 게 후회스러웠다. 한순간의 실수로 여자아이한테 협박을 당하게 되다니!

"형, 어떤 게 좋을까? 이번엔 어떤 두루마리를 펼쳐 볼까?"

민호가 두루마리들을 가리키며 물었다. 준호는 여자아이 때문에 머리가 아픈데 민호는 모험을 떠날 생각에 들떠 있었다.

준호는 문득 지하 골방 특유의 습한 냄새와 낡은 책장과 두루마리에서 풍기는 오래된 먼지 냄새를 맡으며, 골방이 독립군의 비밀 아지트 같다고 생각했다.

"그래, 비밀 아지트!"

준호가 소리쳤다.

"민호야, 지금부터 여기는 우리의 비밀 아지트야. 아까 네가 지하실 얘기를 했으니까, 분명히 수진이란 아이가 지하실에 대해 물을 거야. 그러면 지하실은 우리 둘의 비밀 아지트라고 대답하는 거야. 그러니까 지하실에 대해서는 아무것도 묻지 말라고. 절대 가까이 오지도 말라고!"

그러자 민호가 주먹을 불끈 쥐고 소리쳤다.

"이야! 좋은 생각이다! 형, 진짜 똑똑하다!"

준호가 어둠 속에서 빙긋 웃으며 손가락으로 브이 자를 그려 보였다. 민호가 손을 번쩍 들자 준호가 손바닥을 마주쳤다.

"앞으로 말조심해. 특히 지하실이랑 두루마리 얘기를 할 때는 주위를 잘 살피고. 과거에 다녀온 얘기는 여기서만 하는 거야. 알겠지?"

준호는 다시 한 번 민호에게 다짐을 받으려 했다. 하지만 민호는 비밀 아지트라는 말에 흥분해서 준호 이야기를 흘려들었다.

"형, 이참에 아예 진짜 아지트로 삼자! 여기서 잠도 자고, 숙제도 하고. 와, 신난다! 내 만화책이랑 보물들도 다 갖다 놔야지!"

민호는 너무 흥분한 나머지 팔짝팔짝 뛰었다. 그러다 책장에 머리를 부딪치는 바람에 두루마리 하나가 바닥에 떨어지고 말았다.

투두두둑, 딸깍.

순간 두루마리의 끈이 풀리며 푸른빛이 새어 나왔다. 그리고 앗 하는 사이에 두루마리가 허공으로 떠오르더니 무시무시한 푸른빛을 내뿜었다.

"어, 어, 어, 으아아아아악!"

알 수 없는 힘에 이끌리듯, 준호와 민호는 짧은 비명 소리를 뒤로하고 지하실에서 감쪽같이 사라져 버렸다.

지하실은 다시 고요한 어둠에 휩싸였다.

마치 아무 일도 없었다는 듯이.

# 3. 울고 있는 소년

그곳은 돌기둥 아래였다. 돌기둥 너머로 초여름의 뜨거운 햇볕이 쏟아지고 있어 눈이 부셨다. 하지만 돌기둥 아래는 그늘이 져서 방금 떠나온 지하실 골방처럼 어두침침하고 서늘했다.

준호는 주위를 살피며 두루마리를 찾았다. 몇 번의 여행을 통해 어느덧 두루마리와 모래시계부터 챙기는 습관이 몸에 배었다.

"저기 있다!"

준호는 돌기둥 옆 계단 뒤쪽에 떨어져 있던 두루마리를 집어 들었다.

민호도 돌기둥 근처에 있던 모래시계를 찾아 주머니에 쑤셔 넣었다.

어차피 시간이 되면 두루마리 속으로 들어가 버리지만, 민호는 모래시계가 주머니 안에 있는 게 좋았다.

집에 돌아갈 시간이 되어 모래시계가 주머니 안에서 꿈틀거리면, 마치 조그마한 강아지가 집에 가자고 보채는 것 같았다. 아주 짧은 순간이지만, 민호는 그게 되게 기분이 좋았다.

민호가 준호에게 다가서며 물었다.

"형, 뭐 좀 알아냈어?"

준호가 두루마리를 들여다보며 대답했다.

"글쎄, 일단 왼쪽 지도를 봐서는 조선 시대 한양인 것 같고……."

한반도 전체가 그려진 왼쪽 지도의 한가운데에 점이 찍혀 있었다.

오른쪽 지도에는 성벽과 커다란 기와집들이 띄엄띄엄

그려져 있었다.

"여긴 궁궐*인 것 같아."

이내 준호와 민호는 돌기둥 너머로 주위를 살폈다.

앞쪽으로 기와를 얹은 기다란 담이 줄지어 있고, 마당 한구석에는 사극에 나오는 상궁*처럼 머리에 쪽을 지고 푸른 옷을 입은 여인네 두어 명이 발을 동동 구르며 서성이고 있었다.

무슨 일이 있는 걸까?

"형, 저 사람들 상궁 같지 않아? 여기 진짜 궁궐 맞나 봐. 무슨 궁궐일까, 응?"

민호가 묻자 준호는 두루마리를 말아서 메고 온 가방 안

◀ 경복궁 전경

\* 궁궐
궁궐의 궁(宮)은 왕과 왕족이 지내던 큰 건물을 일컫고, 궐(闕)은 궁을 둘러싼 성벽과 성문, 성루를 가리킨다. 궁궐은 임금이 신하들과 함께 나랏일을 보던 곳이기도 하다. 조선 시대에는 경복궁, 창덕궁, 창경궁이 궁궐로 쓰였다.

에 찔러 넣고는 기둥 앞으로 고개를 빼고 좀 더 자세히 살펴보았다.

단단한 돌기둥 위에 서 있는 거대한 기와집과 마당 가장자리를 따라 길게 늘어선 담장, 그리고 그 한가운데에 뚫려 있는 커다란 문과 널찍하고 편편한 마당, 사람들의 특이한 차림새.

이상하게도 준호는 그 모든 것이 낯설지가 않았다. 어디선가 많이 본 듯한, 그러나 텔레비전이나 책이 아닌, 실제로 어디선가 본 것 같은 느낌이 들었다.

'어디서 봤더라?'

준호는 이마를 짚으며 기억을 더듬었다.

'아, 맞다! 작년에 체험 학습을 왔던 곳이야. 나무가 훨

**\* 상궁**

궁녀 가운데 가장 높은 직책. 궁녀는 일반 백성 가운데에서 뽑았는데, 궁에서 생활하며 왕족과 후궁의 시중을 들고 음식과 옷을 마련하는 일을 했다. 대여섯 살의 어린 나이에 궁에 들어와 최고 직인 상궁에 이르기까지 보통 30년이 걸렸다.

씬 더 많긴 하지만, 건물은 분명히 그때 봤던 것과 똑같아. 여기는 창경궁*이야!'

그 순간 어디선가 울음소리가 들려왔다. 작고 가느다란,

▲ 창경궁 명정전

* **창경궁**
조선 후기에 창덕궁과 함께 '동궐'로 불리며 경복궁을 새로 짓기 전까지 궁궐로 쓰였다. 창덕궁이 왕이 나랏일을 보는 정궁이었다면, 창경궁은 창덕궁의 모자라는 공간을 보완하며 왕족의 생활 공간으로 쓰였다.

그러나 구슬피 흐느껴 우는 소리였다.

"쉿!"

준호는 기둥 뒤로 재빨리 몸을 숨기며 주위를 두리번거렸다.

"저기다!"

민호가 왼쪽 담을 가리키며 속삭였다.

준호는 고개를 돌려 주의 깊게 바라보았다. 소나무가 있는 돌담 밑에서 웬 아이가 서럽게 흐느껴 울고 있었다.

민호가 눈을 동그랗게 뜨고 말했다.

"어? 어린애잖아."

그러더니 준호가 말릴 틈도 없이 아이 쪽으로 쪼르르 달려갔다.

"미, 민호야!"

준호가 당황해서 쫓아갔다. 정말이지 잠시도 마음을 놓을 수가 없었다.

준호는 연방 주위를 두리번거렸지만, 민호는 아랑곳 않

고 아이에게 다짜고짜 말을 건넸다.

"야, 너 왜 울어?"

아이는 대답하지 않았다. 너무 슬퍼서 대답할 겨를이 없는 것 같았다. 얼굴이 온통 눈물범벅이었다.

준호는 아이의 모습을 훑어보았다. 한눈에도 높은 신분의 아이인 듯했다. 어깨와 가슴에 황금빛 무늬가 수놓인 검은 비단옷을 입고 머리에는 높은 관모 같은 것을 쓰고 있었다.

준호는 문득 그 높은 관모가 눈에 들어왔다. 어디선가 본 듯한 그 관모는 분명 아무나 쓰는 물건이 아니었다.

"야, 왜 울고 있냐니까? 엄마한테 혼났어? 아니면 어디 아파?"

민호가 다시 물었지만, 아이는 그저 흐느껴 울기만 할 뿐 아무 대답도 하지 않았다.

울음소리가 너무 슬퍼서 준호는 왠지 가슴이 아팠다. 난생처음 보는 아이인데도 꼭 동생처럼 안쓰러운 마음이 들었다.

　이내 아이가 울음을 그치고 흐느끼듯 말했다.

　"아버지가…… 아버지가……."

　"왜? 너희 아버지가 왜?"

　민호가 묻자 아이가 힘겹게 대답했다.

　"곧 죽임을 당하실 거야."

　아이는 그렇게 말하고 다시금 울음을 터뜨렸다. 준호와 민호는 난처한 얼굴로 서로를 마주 보았다.

준호가 허리를 굽히고 아이의 얼굴을 들여다보았다.

"누가 너희 아버지를 죽인다는 거야?"

준호가 나지막이 묻자 아이는 눈물을 글썽이며 준호의 눈을 쳐다보았다.

"할아버지가……."

아이는 그렇게 말하고 다시 눈물을 뚝뚝 흘렸.

민호가 놀라서 물었다.

"뭐? 할아버지가?"

준호도 이해할 수가 없었다.

할아버지가 아버지를 죽이다니? 도대체 무슨 말을 하고 있는 걸까?

"어휴, 말도 안 돼! 너희 할아버지가 뭐 때문에 너희 아버지를 죽이냐?"

민호가 어이없다는 듯 말하자 아이는 다시 서럽게 흐느껴 울었다. 아이의 눈에서 닭똥 같은 눈물이 뚝뚝 떨어져 내렸다.

준호가 물었다.

"도대체 너희 할아버지가 누군데?"

"이 나라의 임금이셔."

뜻밖의 대답에 준호와 민호는 눈이 휘둥그레졌다.

"뭐? 임금이라고?"

민호가 묻자 준호가 끼어들었다.

"그럼 너희 아버지가 세자*란 소리니?"

아이는 다시금 후드득 눈물을 흘리며 고개를 끄덕였다.

준호는 도무지 이해가 가지 않았다. 도대체 무엇 때문에 아이의 할아버지가 아버지를 죽인다는 걸까? 더구나 세자라면 왕위를 이을 후계자인데?

"어째서 너희 할아버지가 아버지를 죽인다는 거야? 아버지가 무슨 잘못을 했는데?"

* 세자
임금의 자리를 이을 후계자로, 대개 임금과 왕비 사이에서 태어난 맏아들이 세자가 되었다. 10세 무렵에 세자에 책봉되어 혼례 등 통과 의례를 치렀다. 세자는 세자궁인 동궁에 머물면서 글공부를 하고 말타기, 활쏘기 등 무예를 익히며 임금이 될 준비를 했다.

아이는 말할 수 없다는 듯 고개를 설레설레 저으며 하염없이 눈물만 흘렸다.

"너희 아버지 편은 아무도 없어? 아버지를 도와줄 사람이 하나도 없냐고?"

준호가 묻자 아이는 힘없이 고개를 떨어뜨렸다.

"할아버지가 무서워서 아무도 나서질 않아. 아버지를 살려 달라는 말을 꺼냈다가 궁궐에서 쫓겨나거나 옥에 갇힐까 봐……."

민호가 냉큼 끼어들었다.

"바보! 그럼 네가 할아버지한테 아버지를 살려 달라고 하면 되잖아."

아이는 힘없이 고개를 저었다.

"소용없어. 아까도 아버지를 살려 달라고 빌었지만, 할아버지한테 쫓겨났는걸."

준호와 민호는 그만 할 말을 잃었다.

그 순간 어디선가 "네 이놈!" 하는 호통 소리와 함께 날카로운 쇳소리가 울려 퍼졌다. 잇달아 뭔가를 탕탕 두드리는 소리, 누군가 울부짖는 소리, 바닥에 뭔가를 쿵쿵 찧는 소리가 들려왔다.

아이는 넋이 나간 표정으로 문 쪽으로 황망히 달려갔다.

"휘령전*이야. 아, 아바마마, 아바마마!"

아이가 달려가며 허깨비처럼 소리쳤다.

"야, 같이 가!"

민호가 아이를 쫓아가며 소리쳤다. 준호도 얼결에 그 뒤를 따랐다.

\* 휘령전
창경궁 안에 있는 건물로, 임금이 신하들을 만나거나 정치를 논하던 곳이다. 원래 이름은 문정전이었으나 영조의 왕비였던 정성 왕후가 죽은 뒤 혼을 모시게 되어 휘령전으로 불리게 되었다.

두 번째 문을 지날 무렵, 준호가 민호의 팔을 잡아챘다. 민호가 짜증스레 고개를 홱 돌리자, 준호가 고갯짓으로 한 곳을 가리켰다. 복도 저 앞쪽에 칼과 창을 든 군사들이 있었다. 준호는 민호를 끌고 허겁지겁 문 뒤로 몸을 숨겼다.

"쉿!"

준호가 손가락을 입술에 갖다 대고 조용히 하라는 신호를 하자, 민호는 눈만 동그랗게 뜨고 고개를 끄덕였다.

뒤이어 사람들의 발걸음 소리와 창이 부딪히는 소리가 들렸다.

무슨 일이지? 준호와 민호는 궁금증을 참을 수 없어 문과 문틀 사이의 좁은 틈으로 밖을 내다보았다.

그사이 군사들이 더 온 것 같았다. 창을 든 군사들이 줄지어 달려와 문 앞을 겹겹이 막고 서 있었다. 아마도 그곳이 아이가 말한 휘령전이라는 곳의 입구인 모양이었다.

준호와 민호는 문 앞에서 벌어지는 광경을 지켜보며 숨을 죽였다.

## 4. 썩 물러나지 못하겠느냐!

문 앞에는 무기를 든 군사뿐 아니라 관모를 쓰고 푸른색과 붉은색의 관복\*을 입은 사람들이 서성이고 있었다. 아마도 관리들인 모양이었다.

"세손 저하!"

그중 한 사람이 아이에게 머리를 조아리며 부르짖었다. 그러나 대부분의 사람들은 두려움에 떠는 표정으로 선뜻

**\* 푸른색과 붉은색의 관복**
관리들이 궁궐에 갈 때는 정장 차림을 했다. 머리에는 관모를 쓰고 도포처럼 긴 관복을 입었는데, 정3품 이상은 붉은 관복을 입고 정4품 이하는 푸른 관복을 입었다. 신발과 허리띠도 갖춘 정장 차림으로, 이를 '사모관대'라고 한다.

아이에게 다가오지 못하고 그저 멀리서 수군대며 서성거리기만 할 뿐이었다.

아이가 울면서 문 앞으로 다가가자 군사들이 몸으로 막아섰다.

"세손 저하, 이러시면 안 됩니다! 송구하오나 어서 궁으로 돌아가소서. 전하의 어명이옵니다!"

아이는 눈물을 글썽이며 손을 내저었다.

"비켜라!"

그러나 군사는 고개를 숙여 깍듯이 절하고는 창을 똑바로 세운 채 꿈쩍도 하지 않았다. 군사의 창끝이 오후의 햇살을 받아 날카롭게 빛났다.

준호와 민호는 침을 꿀꺽 삼키며 바라보았다.

그 순간 담 너머로 조금 전의 고함 소리가 다시 터져 나왔다.

"네 이놈! 네가 이 칼로 죽으려 하지 않으니, 하는 수 없지! 여봐라, 어서 뒤주를 가져오지 않고 뭣들 하는 게냐.

당장 뒤주를 가져오너라!"

말소리가 끝나기 무섭게 뭔가를 탕탕 두드리는 소리가 나더니, 누군가 목 놓아 울부짖는 소리가 공기를 갈랐다.

"아버님, 아버님, 잘못하였으니, 이리 마소서. 이제는 하라시는 대로 하고 글도 읽고 말씀도 다 들을 것이니, 제발 살려 주옵소서, 아버님!"

그 소리를 듣는 순간, 아이는 울부짖듯이 소리쳤다.

"썩 비켜라! 아바마마께서 안에 계시다! 어서 물러서지 못할까!"

그러나 군사들은 쉽사리 물러서지 않았다.

"저하, 전하의 명이라 어쩔 수 없사옵니다!"

그러자 아이가 위엄에 찬 목소리로 호통을 쳤다.

"네 이놈! 감히 누구의 앞길을 막아서는 것이냐! 나는

\* 세손
임금의 손자이자 세자의 아들로, 세자에게 갑자기 사고가 생기면 임금 자리를 대신 물려받게 된다. 보통 세자와 세자비 사이에서 태어난 맏아들이 세손이 되며, 7~8세 무렵 세손에 책봉된다. '왕세손', '세손궁'이라고도 한다. 정조는 8세에 세손으로 책봉되었다.

이 나라의 세손*이니라. 썩 물러서지 못하겠느냐!"

준호와 민호는 아이의 고함 소리에 머리칼이 쭈뼛 섰다.

아버지를 걱정하며 어린아이처럼 울던 모습은 온데간데 없이 사라지고, 왕손다운 기개가 넘치는 목소리였다.

군사들은 서릿발 같은 세손의 호통에 놀라 주춤주춤 물러나며 창을 거두었다. 길이 뚫리자 아이는 황망히 휘령전 안으로 달려갔다.

담 너머로 아이의 모습이 사라지자 민호가 속닥거렸다.

"형, 여기서는 안 보여! 딴 데로 가자."

준호는 심장이 벌렁거렸다. 이러다 군사들에게 들키면 무슨 일을 당할지 몰랐다. 하지만 도저히 저 아이를 혼자 두고 도망갈 수가 없었다.

준호는 식은땀을 흘리며 주위를 둘러보았다. 준호와 민호가 숨어 있는 문 바로 앞 오른쪽에 다른 기와집으로 통하는 작은 문이 하나 있고, 낮은 담이 둘러 있었다. 그 담을 따라가면 아이가 들어간 휘령전 건물이 나올 것 같았다.

"저쪽으로 가자!"

준호는 민호의 손을 잡고 문 바로 옆의 건물로 통하는

작은 문 쪽으로 뛰었다.

 민호는 곧 형보다 먼저 문으로 달려 들어가 안쪽의 돌담에 찰싹 달라붙었다. 잇달아 준호도 안으로 들어서서 담벼락 아래에 앉았다. 둘은 몸을 낮추고 계단을 내려가 담을 따라서 아이가 들어간 건물 부근까지 다가갔다.

 잠시 후 준호와 민호는 담 위로 고개를 쳐들었다. 하지만 생각보다 담이 높아서 담 너머가 잘 보이지 않았다.

 "형, 하나도 안 보여!"

 민호가 까치발로 서서 속닥거렸다.

 준호는 재빨리 주위를 둘러보았다. 담 옆에 놓인 야트막한 바위가 하나 눈에 띄었다.

 그 바위에 올라서자 담 너머가 잘 보였다. 아마도 누군가 담 너머를 엿보려고 갖다 놓은 모양이었다.

 준호와 민호는 돌담 위로 고개를 빼꼼 내밀었다.

 "히야, 잘 보인다! 형, 아까 그 애가 저기 있어!"

 민호가 나지막이 속삭였다.

휘령전 마당에 그 애가 있었다.

하지만 준호와 민호는 곧 담 밑으로 쏙 숨었다. 문 부근의 담벼락에 검은 갓을 쓴 군사*들이 날카로운 칼을 빼 들고 담을 겨누고 있었다. 시퍼런 칼날이 햇빛에 번쩍이는 순간, 준호는 다리가 후들거렸다.

준호는 담을 꼭 붙잡고 다시 담 위로 고개를 내밀었다. 민호도 똑같이 고개를 내밀었다.

자세히 보니, 건물의 기단 앞 흙 마당에 한 사람이 검은 옷을 덮어쓰고 엎드려 있었다. 아이는 그 뒤에서 큰절을 올리듯 두 손을 하늘 높이 쳐들고 있었다. 그리고 그 앞에 붉은 비단옷*을 입고 높은 관모를 쓴 사람이 큰 칼을 쥐고 기단 위에 서서 두 사람을 내려다보고 있었다.

"형, 저기 엎드려서 빌고 있는 사람이 그 애 아버지인가

**\* 검은 갓을 쓴 군사**
협련군. 임금의 가마를 호위하던 군사로 무술 실력이 뛰어났다. 성안에서는 80여 명이, 성 밖을 나갈 때는 200여 명이 호위를 했는데, 반대 세력의 위협을 받던 정조는 협련군의 수를 두 배 가까이 늘렸다.

봐! 저 사람이 그 애 할아버지고."

민호 말대로 엎드려 있는 사람이 아이의 아버지이고, 기단 위에 칼을 쥐고 서 있는 사람, 그러니까 붉은 비단옷을 입은 사람이 할아버지인 모양이었다. 그 사람 주위에 칼을 찬 군사들이 눈을 번뜩이며 호위하고 있었다.

갑자기 붉은 비단옷을 입은 사람이 칼로 바닥을 탕탕 내리쳤다.

"누구냐!"

준호와 민호는 너무 놀라 얼른 담 밑으로 몸을 감추었다.

쿵쿵쿵쿵!

심장이 터질 것 같았다.

쉿!

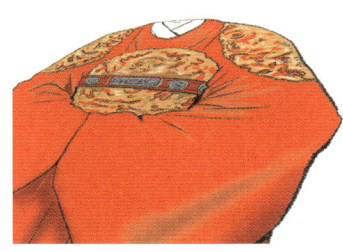

**\* 붉은 비단옷**
임금이 일할 때 입는 옷으로, '곤룡포'라고 한다. 고귀함을 상징하는 황색이나 붉은빛 비단으로 지었고, 가슴과 등과 어깨에 용무늬를 수놓았다. 세종 때 명나라에서 보낸 것을 받아 입기 시작하여 조선 말기까지 입었다.

준호는 입에 손가락을 갖다 대며 눈을 질끈 감았다.
설마 들킨 것은 아니겠지!

# 5. 아비를 살려 주옵소서!

탕탕!

다시 한 번 칼을 내리치는 소리가 들렸다.

"누구냐! 세손 아니냐!"

그러고는 잠시 아무 소리도 나지 않았다.

준호는 담 밑에 죽은 듯이 엎드려 있었다.

하지만 민호는 도저히 궁금해서 견딜 수가 없었다. 민호는 살그머니 일어나 담 위로 고개를 살짝 쳐들고 조심스레 안을 들여다보았다.

아까 그 아이가 머리에 썼던 관모와 검은 옷을 벗고, 바닥에 엎드려 있는 남자 뒤에 엎드렸다.

아이는 슬피 울며 말했다.

"할바마마, 아비를 살려 주옵소서!"

아이가 서럽게 흐느껴 울었다. 그러나 붉은 옷을 입은 임금은 오히려 노발대발했다. 임금은 얼굴을 붉히며 군사 지휘관인 듯한 사람에게 호통을 쳤다.

"누가 세손을 안으로 들였느냐! 금부*는 도대체 무얼 하는 게야!"

임금은 기단 아래로 내려서며 천둥같이 소리쳤다.

"나가라!"

세손은 바닥에 머리를 조아리며 애타게 울부짖었다.

"할바마마, 할바마마, 아비를 살려 주옵소서! 아비를 살

▲《광명 금오계첩》에 그려진 금부

**\* 금부**
임금의 명을 받아 죄인을 심문하던 곳으로, 의금부라고도 한다. 역모를 꾀하거나 나랏돈을 몰래 가로채는 등 죄가 무거운 죄인을 주로 다스렸다. 또 궁궐의 수비를 맡아, 궁궐 안에 관아를 두고 관원들이 순찰했다. 신문고(백성이 억울한 일을 하소연할 때 치는 북)도 금부에서 책임지고 관리했다.

려 주옵소서, 할바마마!"

아이의 애절한 목소리가 듣는 사람들의 가슴을 뒤흔들었다. 휘령전에 둘러선 병사들과 관리들은 더없이 슬픈 얼굴로 눈물짓고 있었다.

담 너머로 엿보던 민호도 눈이 새빨개졌다. 죽은 듯이 엎드려 있던 준호도 눈물이 핑 돌았다.

쿵쿵! 좀 전에 칼로 바닥을 내리치던 소리보다 더 둔탁한 소리가 났다.

무슨 소리인지 궁금해서 준호도 살며시 일어났다.

조심스레 담 너머를 넘겨다보던 준호는 하마터면 비명을 지를 뻔했다. 아이의 아버지가 돌바닥에 머리를 쿵쿵 찧으며 빌고 있었다.

"아버님, 아버님, 살려 주옵소서. 앞으로는 아버님 뜻대로 하겠나이다. 제발 살려 주옵소서!"

조금 전에 들었던 쿵쿵 소리가 바로 돌바닥에 머리를 찧는 소리였던 것이다.

준호는 차마 눈 뜨고 볼 수가 없었다. 돌바닥에 머리를 찧은 세자의 이마에서 붉은 피가 흐르고 있었다.

민호도 겁에 질려 얼굴이 새하얘졌다.

임금이 다시 바닥을 탕탕 두드리며 명령했다.

"별군직*은 뭐 하는 게냐! 당장 세손을 데리고 나가거라! 당장!"

별군직 군사가 앞으로 나서서 아이를 안으려 하자, 아이는 단호히 거부했다.

"손대지 마라! 아바마마의 목숨이 촌각에 달려 있거늘, 어찌 아바마마를 두고 물러갈 수 있단 말인가! 놓아라! 이 손 치우지 못할까!"

그러나 별군직 군사는 한 치의 망설임도 없이 아이를 번쩍 안아 들었다.

**\* 별군직**
조선 효종 때 설치된 임금의 친위 조직으로, 가장 가까이에서 임금을 지켰다. 보통 10~20명으로 구성되었는데, 교대로 밤을 새며 밤낮없이 임금을 지켰다. 아침저녁 문안 인사 때 궁궐의 움직임을 보고하고, 임금이 나들이할 때 호위하며, 궁궐 안팎의 동태를 살폈다.

"저하, 어명이옵니다. 용서하옵소서!"
아이가 미친 듯이 발버둥 치며 소리쳤다.

"놓아라! 감히 세손의 몸에 손을 대다니, 무엄하도다! 이것 놓아라!"

아이는 거의 짐승처럼 울부짖었다.

"송구하옵니다. 저하, 소인의 불충을 용서하소서!"

별군직 군사는 발버둥 치는 아이를 안고 휘령전 문 밖으로 걸어 나갔다.

민호는 아이가 가는 쪽을 바라보며 당장이라도 달려가려 했다.

그때 군사들이 커다란 궤짝 같은 것을 옮겨 왔다. 아이의 아버지가 엎드려 빌고 있는 곳으로 군사들이 커다란 나무 궤짝 같은 것을 들고 들어가고 있었다.

준호는 왠지 어디선가 그 나무 궤짝을 본 듯한 느낌이 들었다. 그러나 정확히 어디서 본 것인지, 무엇에 쓰는 물건인지는 떠오르지 않았다.

"형, 빨리빨리!"

민호가 발밑에서 준호의 바짓단을 잡아당기며 다급하게 속삭였다.

준호는 서둘러 바위에서 내려가 민호를 따라 작은 문을 나섰다. 그러고는 아이를 안고 가던 별군직과 그 무리에게 들키지 않도록 조심조심 그 뒤를 쫓아서 복도 끝에 있는 커다란 문을 지났다.

 아이를 안은 별군직과 그 무리가 오른쪽으로 꺾어 다시 문을 지나자 뒤따르던 군사들이 창을 들고 문 안쪽을 막아섰다.

 준호와 민호는 서둘러 왼쪽 정자 위로 뛰어올라 작은 마당으로 내려섰다. 그러자 오른쪽 담 하나를 사이에 두고 문을 지키는 군사들과 나란히 있게 되었다.

 준호와 민호는 발소리가 나지 않게 살금살금 걸어서 앞쪽에 길게 놓여 있는 건물 쪽으로 다가갔다. 그 건물 너머에 별군직이 아이를 안고 들어간 마당이 있었다.

 건물 너머로 별군직의 굵직한 목소리가 생생하게 들려왔다.

 "저하, 송구하오나 전하의 명이 있기 전까지는 이곳에서 한 발짝도 나가실 수 없사옵니다."

 별군직은 그렇게 말하고 나서 문을 지키는 군사들에게 명령했다.

"여봐라, 이곳에 아무도 드나들지 못하게 하라! 전하의 어명\*이시다!"

창을 든 군사들이 "네!" 하고 우렁차게 대답했다.

그 소리가 담 너머로 울려 퍼지자 준호와 민호는 얼어붙은 듯 그 자리에 멈춰 섰다. 도저히 그 삼엄한 경비를 뚫고 안으로 들어갈 엄두가 나지 않았다.

"세손!"

곧 건물 너머로 여인이 외쳐 부르며 허겁지겁 다가오는 소리가 났다. 아마도 아이의 어머니인 모양이었다.

아이가 품에 안겨 서럽게 울음을 터뜨리자, 어머니가 울부짖었다.

"아침에 무수한 까치 떼가 경춘전\*을 에워싸고 그리 울더니, 그것이 괴이한 징조였나 봅니다. 세손, 이를 어쩌면

**\* 어명**
임금의 명령. 조선 시대에 임금은 절대적인 존재였기 때문에 임금이 내린 명령은 반드시 따르는 것이 원칙이었다. 어명을 어기면 곤장 100대를 맞게 되는데 그러면 장독이 올라 대부분 사망했으므로, 어명을 어기는 것은 목숨을 내놓는 것과 다름없었다.

좋단 말입니다."

준호와 민호는 너무나 가슴이 아팠다.

그때였다.

탕, 탕!

망치질 소리가 공기를 가르고 들려왔다.

"형, 아까 거기서 나는 소리 같아!"

민호의 말에 준호는 퍼뜩 군사들이 들고 들어가던 나무 궤짝이 떠올랐다.

'설마……'

준호는 섬뜩한 느낌이 들었다.

설마 그 궤짝에 사람을 집어넣고 못을 박는 것은 아니겠

* 경춘전

창경궁의 건물로, 왕족의 침실이 있는 침전이다. 정조가 태어난 곳이어서 경춘전의 남문 위에는 '탄생전(誕生殿)'이라는 액자가 걸려 있고, 동쪽 벽에는 사도 세자가 정조를 낳을 때 꿈에서 보았다는 흑룡 그림이 있었다. 북문 위에 정조가 쓴 어제전기(임금이 직접 전각에 관해 기록한 글) 341자가 있었다. 일제강점기에 일본에 의해 훼손되어 지금은 세 가지 모두 남아 있지 않다.

지?

그 순간 준호의 머리를 스치고 지나가는 것들이 있었다.

뒤주*, 세자, 아들을 죽인 임금.

낱말들이 준호의 머릿속에 와서 박혔다.

'그렇다면 혹시……'

방금 저 돌바닥 위에서 빌고 있던 사람이, 친아버지인 영조 임금에게 죽임을 당한 그 비운의 사도 세자란 말인가?

준호는 소름이 쫙 끼쳤다. 만약 저기 저 사람이 사도 세자가 맞는다면, 자신은 지금 그 참혹한 비극의 현장에 와 있는 것이었다.

준호는 온몸이 와들와들 떨렸다. 준호는 헛소리를 하듯 중얼거렸다.

**\* 뒤주**

곡식을 담아 두는 나무 궤짝. 곡식이 쥐나 해충, 습기에 해를 입지 않도록 널빤지로 튼튼하게 만들고 다리를 높이 세웠다. 보통 쌀 한두 가마가 들어가는 크기다. 사도세자가 갇힌 뒤주는 어른 키 높이의 매우 큰 것이었는데, 조선 시대에 궁궐에서 뒤주 안에 죄인을 가두는 것은 매우 특별한 경우였다.

"사도 세자는 뒤주에 갇혀서 죽는데……."

민호가 어리둥절한 얼굴로 쳐다보았다.

"사도 세자가 누군데?"

"그 애 아버지, 아까 그 사람, 바닥에 엎드려 살려 달라고 빌던 사람……."

민호의 눈이 휘둥그레졌다.

"뭐? 그럼 그 애 아버지가 진짜로 죽는 거야? 아까 그 애 말대로?"

준호는 창백한 얼굴로 고개를 끄덕였다. 저 분이 사도 세자가 맞는다면, 저 뒤주 속에서 목숨을 잃고 말 것이다. 역사책에 틀림없이 그렇게 나와 있었다.

"그럼 우리가 구해 주면 되잖아!"

민호가 주먹을 불끈 쥐며 말했다.

하지만 준호는 힘없이 고개를 저었다.

"소용없어. 사도 세자는 죽었는걸……."

준호는 아이의 울음소리가 들려오는 건물 쪽을 슬프게

바라보았다.

그 순간 말릴 틈도 없이 민호가 정자 쪽으로 달려갔다.

"미, 민호야!"

준호가 당황해서 나지막이 소리쳤지만 소용없었다. 민호는 이미 정자를 지나 휘령전 쪽으로 달려가고 있었던 것이다.

준호는 놀라서 민호의 뒤를 쫓아갔다.

# 6. 눈앞의 뒤주

민호와 준호는 군사들 눈에 띄지 않게 마당을 가로질러 휘령전으로 통하는 커다란 문 안으로 들어섰다. 그러고는 담에 몸을 바짝 붙이고 아까 휘령전 안을 엿보던 곳으로 살금살금 다가갔다.

민호와 준호는 주위를 한번 둘러보고는 다시 몸을 낮추고 조심스레 계단을 내려갔다. 그리고 군사들 눈에 띄지 않게 담벼락에 달라붙어 편편한 바위가 있던 곳으로 갔다.

살그머니 바위 위에 올라서서 담 너머를 보니, 붉은 옷을 입은 임금과 임금을 지키던 사람들은 어디론가 사라지고 햇볕이 환히 쏟아지는 흙마당 위에 커다란 나무 뒤주만이 덩그러니 놓여 있었다.

민호가 말했다.

"어, 아무도 없네? 형, 들어가 보자."

민호는 곧장 뒤주가 놓인 곳으로 달려 내려가려 했다. 준호는 깜짝 놀라 다급히 민호를 붙들었다.

두 팔로 민호를 꽉 붙잡은 준호는 오른쪽으로 고갯짓을 하며 속삭였다.

"저기 병사들이 있어!"

준호가 가리킨 담 안쪽에는 군사들이 여전히 칼을 겨누고 있었다. 문 부근에도 대여섯 명의 병사들이 창을 들고 돌아다니고 있었다.

준호는 애가 탔다. 아마도 사도 세자는 저 뒤주 안에 갇혀 있을 것이다. 그러나 이대로는 한 발짝도 가까이 갈 수 없었다. 칼을 든 군사들이 저렇게 철통같이 지키고 있는데, 어떻게 저기까지 간단 말인가? 뒤주에 이르기도 전에 붙잡혀서 그 무시무시한 임금 앞으로 끌려갈지도 모른다.

"으으……."

뒤주에서 소리가 흘러나왔다. 가느다란 소리라서 알아듣기 힘들었지만 사람이 내는 소리 같았다.

"형, 무슨 소리가 나는 것 같아!"

"쉿!"

준호는 민호의 입을 틀어막고 그 가느다란 소리에 귀를 기울였다.

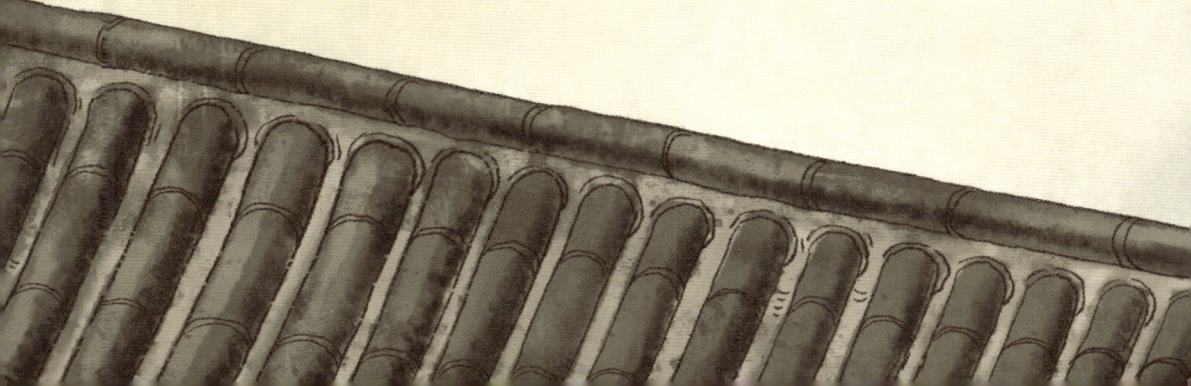

자세히 들어 보니, 역시 사람 소리였다. 아까 그 아이 아버지가 뒤주 안에 갇힌 채 신음하고 있었다.

"저 안에 사람이 있어."

준호가 뒤주를 가리키며 민호에게 말했다.

"뭐? 저 뒤주 안에 사람이 있다고?"

준호는 눈물을 글썽이며 고개를 끄덕였다.

"아까 그 애 아버지가 저기 갇혀 있어. 틀림없어. 그리고 이제 저 안에서 죽을 거야."

준호는 그렇게 말하고 고개를 떨어뜨렸다.

민호가 대뜸 말했다.

"뭐? 말도 안 돼! 형, 우리가 저 안으로 들어가서 그 아저씨를 풀어 주자."

준호는 눈앞이 캄캄했다. 도대체 무슨 수로 사도 세자를 구한단 말인가? 칼과 창을 든 병사들이 저렇게 지키고 있는데, 아무 힘없는 아이들이 무엇을 할 수 있을까?

마법처럼 병사들이 어디론가 사라지지 않는 한 도저히

뒤주에 접근할 길이 없었다.

"여봐라!"

그 순간 거짓말처럼 기적이 일어났다. 갑자기 손에 지휘봉 같은 것을 든 사람이 마당 안으로 들어오더니 담에 칼을 겨누고 있던 군사들에게 명령했다.

"다들 제자리로 돌아가 빈틈없이 궁을 지키도록 하라. 전하의 어명이 있었으니, 특히 성문과 궁문*을 철저히 지키도록!"

"네!"

군사들은 우렁차게 대답하고는 줄을 지어 밖으로 빠져나갔다. 이제 군사는 문 앞을 지키는 병사 둘밖에 없었다.

▲ 창경궁 홍화문

\* **성문과 궁문**
조선의 수도인 한양의 둘레에는 궁궐과 나라의 시설물을 지키기 위한 성벽과 여덟 개의 성문이 있었다. 또 창경궁에는 정문인 홍화문을 비롯하여 관리들이 드나들던 선인문, 성균관으로 통하는 집춘문과 월근문, 정전(궁궐의 중심 건물)인 명정전으로 들어가는 명정문 등의 궁문이 있었다. 전쟁이나 반란 같은 위급한 일이 있으면, 성문과 궁문에 군사를 배치하여 임금을 지켰다.

준호는 두 손을 맞잡고 소리 없는 환호성을 올렸다.

"갔어, 형!"

민호가 눈을 반짝이며 말했다.

두 형제는 마치 약속이라도 한 듯 살그머니 담을 넘었다. 그리고는 담을 따라 문 가까이 가서 문 앞을 지키는 군사들의 움직임을 살폈다.

"좋은 수가 있어!"

민호는 말을 하기가 무섭게 담 밑에 떨어져 있던 작은 돌멩이를 집어 들었다. 그리고는 준호가 말릴 틈도 없이 담 너머 왼쪽에 있는 커다란 건물 쪽으로 던졌다.

탁, 타라락!

민호는 잽싸게 담 밑으로 몸을 숨겼다. 준호도 번개같이 엎드렸다.

"누구냐!"

문 앞을 지키던 군사가 소리치며 주위를 두리번거렸다. 옆에 서 있던 또 한 명의 군사가 돌이 날아간 건물 쪽을 가리키며 소리쳤다.

"명정전* 쪽이다!"

두 군사는 명정전이라고 불린 커다란 건물 쪽으로 서둘러 달려갔다. 그 바람에 휘령전 문 앞이 텅 비게 되었다.

"오, 예! 성공이다!"

군사들의 모습이 사라지자 민호는 즈먹을 불끈 쥐고 뒤주가 있는 곳으로 달려갔다.

흙마당 위에 덩그러니 놓여 있는 뒤주로!

▲ 창경궁 명정전 내부

* **명정전**
창경궁의 정전 경복궁의 근정전, 창덕궁의 인정전에 해당되는 건물로, 왕이 나와서 조회를 하던 곳이다. 지금의 명정전은 임진왜란 때 불에 탄 것을 16´6년(광해군 8년)에 다시 지은 것으로 오늘날 남아 있는 조선 왕조의 궁궐 정전 가운데 가장 오래되었다. 국보 제266호.

# 7. 아버지는 괜찮다, 어서 가거라!

뒤주는 자물쇠로 굳게 잠겨 있었다.

"형, 빨리빨리!"

준호와 민호는 군사들이 돌아오기 전에 뒤주의 자물쇠를 풀려고 안간힘을 썼다. 자물쇠*를 뜯어내 보려고 둘이서 자물쇠에 매달려 힘껏 잡아당겨 보았지만, 꿈쩍도 하지 않았다.

**\* 자물쇠**
삼국 시대부터 쓰인 것으로 알려진 자물쇠는 조선 시대 후기에 오면서 널리 쓰였다. 보통 쇠로 만들었는데, 장, 농, 뒤주, 문간 등 채우는 곳에 따라 크기와 모양이 다양했다. 당시에는 곡식이 무척 귀했기 때문에, 곡식을 담아 두는 뒤주는 반드시 자물쇠로 채워 놓았고 열쇠는 안주인이 갖고 있었다. 궁궐 문을 닫을 때도 자물쇠를 채우고 왕의 비서실 역할을 했던 승정원에서 열쇠를 보관했다.

"형, 저걸로 때려 보자."

민호의 말에 준호는 돌멩이를 주워 들고 자물쇠의 이음매를 내리쳤다. 하지만 자물쇠는 끄떡도 하지 않았다.

준호는 점점 초조해졌다. 설령 자물쇠를 부순다 해도 뒤주를 열기는 어려워 보였다. 큰 못이 박혀 있는 데다 굵은 밧줄까지 칭칭 묶여 있었기 때문이다.

과연 그 모든 것을 헤치고 뒤주에서 사도 세자를 구할 수 있을까? 돌로 자물쇠를 내리치는 준호의 손이 덜덜 떨렸다.

"세손이냐?"

밖에서 아이들 소리가 나자 뒤주 안에서 쉰 목소리가 났다. 낮고 힘없는, 그러나 아직 정신이 남아 있는 목소리였다.

준호와 민호는 화들짝 놀라 뒤주에서 펄쩍 물러났.

민호가 준호를 툭툭 쳤다. 민호는 귀신이라도 본 듯이 눈을 크게 뜨고 입을 쩍 벌리고 있었다.

민호가 말없이 뒤주를 가리켰다. 뒤주 한구석에 구멍이 뚫려 있었는데, 그 구멍으로 손 하나가 나와 있었다.

준호도 깜짝 놀라 눈이 휘둥그레졌다.

"세손이냐?"

다시 뒤주 안에서 목소리가 들렸다.

민호는 구멍 밖으로 나온 것이 사도 세자의 손임을 확인하자 언제 놀랐느냐는 듯 뒤주로 다가가 구멍 안을 들여다보았다. 구멍 안으로 사람의 코와 입이 어렴풋이 보였다.

"아저씨, 지금 아저씨가 말한 거예요?"

민호가 묻자 안에서 다시 쉰 목소리가 났다.

"거기, 세손이냐?"

준호도 구멍에 얼굴을 갖다 대고 대답했다.

"아뇨, 세손의 친구들이에요."

그러나 넋이 나간 뒤주 속의 세자는 아이들을 세손으로 착각한 듯 허깨비처럼 소리쳤다.

"산아, 산아……. 어서 가거라."

그 애 이름이 산이인 모양이었다.

준호는 뒤주 속에 갇힌 아저씨를 안심시켜 주려고 무심코 손을 잡았다. 어디서 그런 용기가 나왔는지 스스로도 알 수 없었다.

사도 세자의 손은 땀으로 뒤범벅이 되어 있었다.

"아저씨, 정신 차리세요. 어떻게든 여기서 빠져나가야 해요. 안 그러면 아저씨는 죽을 거예요."

민호도 씩씩하게 말했다.

"아저씨, 우리가 구해 드릴게요. 정신 차리세요, 아저씨!"

그때 뒤주 안에 있던 세자가 느닷없이 준호의 손을 와락 잡아당겼다.

준호의 팔이 구멍 속으로 팔꿈치까지 빨려 들어갔다. 준호는 가슴이 덜컥 내려앉는 것 같았다.

민호가 깜짝 놀라 "형!" 하고 외치며 준호의 팔을 잡아당겼다. 민호가 뒤주를 탁탁 두드리며 말했다.

"우리 형 놔 줘요. 우리가 구해 드릴게요. 빨리 이 손 놔요!"

하지만 뒤주 속의 세자는 준호의 손을 더욱 꽉 잡고 다급하게 부르짖었다.

"산아, 안 된다! 여기 있으면 위험하다. 어서 가거라! 아버지는 괜찮다. 어서 가거라!"

그러다가 갑자기 스르르 힘을 풀며 준호의 손을 놓았다. 뒤주에서 팔을 빼려고 안간힘을 쓰던 준호와 민호는 함께 엉덩방아를 찧고 말았다.

뒤주 안의 세자는 다시 목 놓아 울부짖기 시작했다.

"아버님, 살려 주옵소서! 살려 주옵소서!"

준호와 민호는 화들짝 놀라 벌떡 일어났다. 덫에 걸린 짐승이 울부짖는 것처럼 가슴을 찢는 울음소리에 온 몸에 소름이 돋았다.

잠시 정적이 흐르고 멀리서 발소리와 창 소리가 났다. 조금 전 명정전 쪽으로 달려갔던 군사 둘이 담을 지나 휘령전으로 달려오고 있었던 것이다.

"민호야, 도망쳐!"

준호는 민호를 데리고 허겁지겁 휘령전 뒤쪽으로 달아났다.

휘령전 옆에 나무 사다리\*가 비스듬히 놓여 있는 작은 창고 같은 건물이 있었다. 준호와 민호는 재빨리 그 건물 안으로 숨어들었다. 그러고는 문 옆에 찰싹 달라붙어 손으로 입을 틀어막고 숨을 죽였다.

곧 두 명의 군사가 휘령전 뜰로 뛰어 들어왔다.

▲ 드므

\* **사다리**
조선의 궁궐 건물은 대부분 나무로 지었기 때문에 불이 날 경우를 대비하여 궁궐 곳곳에 사다리, 드므, 쇠스랑, 도끼, 저수 시설 등을 마련해 놓았다. 불이 나면 지붕에 올라가 물을 뿌릴 수 있도록 사다리를 놓아두었고, 건물 처마 밑과 지붕 위에는 쇠고리를 박아 이것을 붙잡고 지붕에 쉽게 올라가도록 했다. 또 건물 앞에는 물을 담아두는 드므를 두어 불을 끄고 불귀신을 물리치는 데 사용했다.

"방금 어린아이 소리가 난 것 같은데?"

군사 하나가 뒤주 주변을 둘러보며 묻자, 다른 군사가 대꾸했다.

"어린아이 소리? 난 비명 소리밖에 못 들었는데."

군사들은 날카롭게 주위를 훑어보고는 준호와 민호가 있는 곳으로 한 발 한 발 다가왔다.

준호와 민호는 숨이 넘어갈 것 같았다.

이내 군사들이 발길을 돌려 휘령전 마당 쪽으로 걸어가자 준호와 민호는 후유 하고 나지막이 한숨을 토해 냈다.

다행히 들키지는 않았지만 군사들은 뒤주 곁을 떠나지 않았다.

준호와 민호는 앞이 캄캄했다. 군사들이 떠나지 않는 한, 뒤주에서 사도 세자를 구하는 것은 불가능했다.

준호는 하늘이 무너지는 것 같았다.

# 8. 움직일 수 없는 시간

준호와 민호는 작은 건물 안에서 죽은 듯이 숨을 죽이고 있었다.

건물 문틈으로 군사 하나가 휘령전 뜰을 서성이는 모습이 보였다. 이윽고 군사는 창을 치켜들고 이리저리 겨누어 보더니, 정문 쪽으로 천천히 걸어갔다.

"형, 계속 저기 있을 건가 봐. 어떡해?"

민호의 말에 준호는 잠시 한숨을 돌리며 생각했다.

아까 민호가 했던 대로 돌팔매질을 한 번 더 해 볼까? 하지만 너무 위험할 것 같았다. 아무리 어수룩하다고 해도 궁궐을 지키는 병사다. 같은 짓에 두 번 속을 리 없었다. 더구나 밖에는 문을 지키는 군사뿐 아니라 칼을 든 무사들까지 우글거리고 있었다.

준호는 한숨을 내쉬며 말했다.

"날이 어두워질 때까지 기다려야겠어. 저녁이 되면 교대*를 할지도 몰라. 어쨌든 여기 숨어서 기회를 엿보자."

준호의 말에 민호는 기쁜 듯이 속삭였다.

"그래, 그럼 되겠다!"

하지만 준호는 곧 마음이 어두워졌다.

과연 이곳에 얼마나 더 머무를 수 있을까? 언제 집으로 돌아가게 될지 알 수 없었다.

'지금까지는 모래시계가 꿈틀거리면…….'

준호는 골똘히 생각했다.

---

**\* 교대**

조선 시대에는 임금이 있는 궁궐을 철통같이 지키기 위해 엄격하게 궁문과 성문을 여닫았다. 궁궐 문을 지키는 '왕궁 수문장'은 순번에 따라 밤낮으로 각 문을 지켰고, 궁궐 수비를 맡은 금부 역시 순번을 정하여 교대로 100명씩 궁궐에 들어가 수비했다. 궁문을 열고 닫을 때와 교대를 할 때는 부대가 정렬하여 의식을 치렀다.

'그래, 모래시계! 모래시계를 보면 남은 시간을 알 수 있을지도 몰라!'

생각이 거기에 미치자 준호는 다급하게 말했다.

"민호야, 모래시계 좀 꺼내 봐. 모래가 얼마나 남았어?"

민호가 주머니를 뒤져서 모래시계를 꺼내 햇빛 쪽으로 들어 보였다. 모래시계의 고운 보랏빛 모래가 신비롭게 빛났다.

"어, 얼마 안 남았네? 벌써 거의 다 흘러내렸다!"

민호의 말처럼 모래시계 아래쪽에 보랏빛 모래가 수북이 쌓여 있었다. 그렇다면 과거에 머무를 수 있는 시간이 얼마 남지 않았다는 뜻일 수도 있었다.

준호는 몹시 초조해졌다.

여기에 머물 시간을 늘릴 방법은 없을까?

"민호야, 모래시계를 뒤집어 봐!"

시계를 뒤집으면 모래가 반대쪽으로 흐를 테니, 여기에 있을 수 있는 시간을 늘릴 수 있을지도 모른다.

민호도 준호의 생각을 눈치챘는지 얼른 모래시계를 거꾸로 뒤집었다. 준호는 모래가 반대편으로 흘러내리는지 보려고 모래시계를 눈앞으로 가져갔다.

그런데 모래가 거슬러 올라가고 있었다! 모래시계를 뒤집었는데도 모래가 밑으로 흘러내리기는커녕 거꾸로 거슬러 올라가고 있었던 것이다.

"형, 모래가 이상해!"

민호도 놀라서 말했다.

준호는 민호의 손에서 모래시계를 빼앗아 거꾸로 쥐고 마구 흔들어 보았다. 그러나 모래는 여전히 같은 방향으로만 움직일 뿐이었다.

그 순간 어디선가 북소리*가 둥둥 울렸다. 그러자 곳곳에 흩어져 있던 군사들이 분주하게 모여드는 소리가 들려왔다.

준호는 머릿속이 하얘지면서 아무 생각도 나지 않았다.

뒤주에서는 사도 세자가 짐승처럼 울부짖는 소리가 다시 들려왔다.

준호는 가슴이 터질 것 같았다. 눈에서 하염없이 눈물이

**\* 북소리**
조선 시대 궁궐에는 수천 명이 일하고 있었기 때문에 시간을 알려 주는 일이 매우 중요했다. 담당 군사가 궁궐 중앙에 있는 오고(정오를 알리는 북)를 치면, 이 북소리를 신호로 오전 일을 끝내고 점심 먹을 준비를 했다. 통행이 금지되는 밤에는 백성들에게도 북소리로 시간을 알렸다. 이 북소리는 궁궐의 보루각에서 시작하여 종루, 남대문, 동대문으로 이어졌고 이것을 신호로 도성의 사대문을 열고 닫았다.

흘러내렸다.

"어떡해, 형!"

민호도 울면서 소리쳤다.

이윽고 모래가 한쪽으로 다 흘러내린 순간, 모래시계는 마치 기다렸다는 듯 허공으로 날아올랐다. 그와 동시에 준호의 가방에 꽂혀 있던 두루마리가 휘익 날아올라 허공에서 펼쳐지더니 모래시계를 빨아들였다.

마침내 모래시계가 지도에 가서 박히는 순간, 사방이 온통 푸른빛으로 빛났다.

"아앗!"

그것으로 끝이었다.

준호와 민호는 외마디 비명을 남기고 그 자리에서 사라졌다. 두루마리에서 뿜어 나온 푸른빛과 함께 어디론가 홀연히 사라진 것이다.

# 9. 지혜로운 임금

주위는 쥐죽은 듯 조용했다. 짐승처럼 울부짖는 소리도, 병사들이 뛰어다니는 소리도 들리지 않았다. 서늘하고 습기 찬 공기와 익숙한 지하실 냄새로 무사히 집에 돌아왔음을 알 수 있었다. 하지만 준호와 민호는 울음을 멈출 수가 없었다.

준호와 민호는 한동안 서로 부둥켜안고 울었다. 무사히 집으로 돌아온 데 안도해서 울었고, 사도 세자를 구해 주지 못한 미안함과 안타까움 때문에 울었고, 사도 세자의 억울한 죽음과 아버지를 잃게 될 어린 세손에 대한 가여운 마음 때문에 서럽게 울었다.

간신히 눈물을 그치자 준호는 머릿속이 멍했다.

뒤주에 갇혀 울부짖던 사도 세자의 절규가 아직도 귓가에 쟁쟁했다. 준호는 가슴이 미어질 듯 아팠다.

민호도 조금 진정이 된 듯 낮은 목소리로 물었다.

"형, 그 아저씨 어떻게 되었을까? 죽었을까?"

준호는 대답하지 못했다. 차마 대답할 수 없었다. 사도 세자가 뒤주에 갇혀 죽었다는 것은 움직일 수 없는 역사적 사실이었다. 그런데도 준호는 자기가 조금만 더 힘이 셌다면, 조금만 더 시간이 있었다면, 어쩌면 사도 세자를 구할 수 있었을지도 모른다는 생각에 가슴이 아팠다.

민호가 답답해서 못 살겠다는 듯 자리에서 벌떡 일어나서 말했다.

"어휴, 안 되겠어! 아빠한테 가서 물어봐야지!"

민호는 지하실 문을 박차고 나갔다. 준호도 눈물을 닦고 허겁지겁 민호 뒤를 쫓아갔다.

아빠는 서재에서 책을 정리하고 있었다.

"잘 왔다. 거기 그 책들 좀 이리 갖다 다오."

민호는 냉큼 책을 집어 들고 아빠에게 다가가 다짜고짜 물었다.

"아빠, 있잖아요, 어떤 애네 할아버지가 임금님이었는데요, 그 할아버지가 그 애 아버지를 죽이려고 했거든요? 그런데 그 애 아버지가 죽었어요, 살았어요?"

아빠는 갑자기 이게 무슨 소리냐는 듯 "응?" 하고 안경 너머로 민호를 내려다보았다.

민호가 답답하다는 듯 주먹으로 가슴을 쳤다.

"아이참, 어떤 애네 할아버지가 그 애 아버지를 죽이려고 했다니까요! 그 애 아버지가 죽었는지 살았는지, 그것만 가르쳐 주세요."

"그 애 아버지가 누군데?"

아빠가 묻자 민호는 말문이 막혔다.

문간에 서 있던 준호가 대신 대답했다.

"사도 세자요."

그제야 아빠는 "아하, 사도 세자!" 하고 고개를 끄덕였다. 하지만 갑자기 그게 왜 궁금하냐는 듯 멀뚱멀뚱 민호를 쳐다보기만 했다. 속이 탄 민호가 답을 재촉하듯 아빠의 팔을 붙잡고 흔들었다.

"사도 세자는 뒤주에 갇힌 지 8일 만에 죽었지."

아빠의 말에 준호는 다리에 힘이 빠져 그 자리에 풀썩 주저앉았다. 이미 알고 있던 사실인데도 새삼스레 가슴이 미어지며 눈물이 솟았다. 민호도 그 자리에 털썩 주저앉았다.

민호가 울먹이며 물었다.

"그럼 그 애는요?"

아빠가 손가락으로 안경을 추켜올리며 물었다.

"그 애라니? 누구? 사도 세자의 아들 말이냐?"

둘은 동시에 고개를 끄덕였다.

아빠는 아이들의 갑작스러운 질문 공세에 고개를 갸웃거리고는 걱정스러운 얼굴로 준호와 민호를 바라보았다.

아빠의 대답을 기다리던 민호가 갑자기 고개를 번쩍 쳐들고 물었다.

"그 할아버지가 그 애도 죽였나요?"

아빠는 민호를 안심시키려는 듯, 인자하게 웃으며 민호의 머리를 쓰다듬었다.

"아니, 죽이지 않았어. 손자를 얼마나 사랑했는데. 나중에는 자기 잘못을 깨닫고 아들을 죽인 것도 후회했어. 그리고 손자를 끔찍하게 아껴서 손자에게 왕위를 물려주었단다. 그 손자가 바로 백성들을 아끼고 사랑했던 조선의 제22대 임금 정조이지."

그 말에 민호의 얼굴이 환해졌다.

"우와, 그럼 살았구나! 형, 살았대, 그 애는 살았대!"

민호는 너무 기뻐서 아빠 다리를 꽈악 끌어안았다.

아빠가 허허 웃으며 말했다.

"그 애라고? 정조 임금을 마치 친구처럼 얘기하는구나. 언제부터 우리 민호가 이렇게 역사에 관심을 갖게 되었지?"

준호는 가슴이 뜨끔했다.

"아, 저, 그게, 그러니까……."

준호가 허둥지둥 말을 받았다.

"제가 민호한테 사도 세자와 영조 임금 얘기를 해 주었거든요."

민호가 아빠한테 다짐을 받듯 다시 물었다.

"그러니까 그 애가 나중에 임금이 되었단 말이죠? 확실해요?"

"그래, 그렇다니까."

"그럼 됐어요. 고마워요, 아빠!"

민호는 마치 아빠 덕분에 그 애가 임금이라도 된 듯 말했다. 준호는 민호가 또 무슨 엉뚱한 소리를 할까 싶어 마음이 조마조마했다.

그때 민호의 뱃속에서 꼬르륵 소리가 났다.

"으, 배고파. 울었더니 너무 배고프다, 그치, 형?"

민호는 그렇게 말하고는 부엌으로 달려갔다.

"저 녀석, 정말 못 말린다니까."

아빠가 웃음을 터뜨리자 준호도 고개를 절레절레 흔들고는 민호의 뒤를 쫓아갔다.

그날 밤 두 형제는 역사책을 펴 놓고 밤늦도록 '그 애' 이야기에 열을 올렸다. 아빠를 잃은 슬픔을 딛고 어진 임금이 되었다는 그 애 이야기를.

형, 그 애를 다시 만날 수 있을까?

글쎄, 이 여행을 계속하다 보면 언젠가는 다시 만날 수 있겠지.

꼭 다시 만났으면 좋겠다, 형.

싱그러운 풀벌레 울음소리 속에 경주의 여름밤이 깊어 가고 있었다.

준호의 역사 노트

과거 여행을 다녀온 뒤, 역사 박사 준호는 도서관과 아빠의 서재를 들락거리며 조선 시대 연구에 몰두했다. 준호는 무엇을 알아냈을까?

###  어린 정조가 살았던 창경궁은 어떤 곳일까?

창경궁은 다른 궁궐들과 마찬가지로 왕족이 생활하는 곳, 시중을 드는 궁녀와 내시, 천민 일꾼들이 일하는 곳, 관료들이 일하는 곳 등으로 나뉘었다.

건물은 일하는 공간을 앞에 배치하고 생활 공간은 뒤에 배치했다. 임금이 신하들과 일을 하던 명정전과 문정전, 숭문당을 궁궐 중앙에 배치하고 그 뒤에 경춘전, 환경전과 같은 왕족의 생활 공간을 배치한 것이다. 궁녀와 내시 등이 일하던 건물도 곳곳에 있었으나 일제강점기에 일본에 의해 허물어져 지금은 남아 있지 않다.

- ❶ **홍화문** 창경궁의 정문. 홍화문 앞에서 영조는 백성들을 만나 정책에 대한 의견을 묻기도 하고 쌀을 나누어 주기도 했다.
- ❷ **명정전** 창경궁에서 가장 중심이 되는 곳. 명정전 안마당은 임금과 신하들이 조회를 했던 조정이다. 궁궐의 각종 의식을 치르던 곳으로, 외국 사신도 이곳에서 맞이했다.
- ❸ **경춘전** 대비, 왕비, 세자빈 등이 생활하던 곳. 정조가 태어난 곳이기도 하다.
- ❹ **환경전** 왕과 세자 등 왕실 남자들이 생활하던 곳.
- ❺ **문정전** 임금이 일하는 집무실로 이곳에서 신하들과 나랏일을 의논하였다. 영조의 첫 왕비인 정성 왕후가 죽은 뒤 이곳에서 3년간 신위를 모시게 되어 '휘령전'이라고도 불린다.
- ❻ **숭문당** 왕이 학자들을 불러 학문을 논하고 대화를 하던 곳.
- ❼ **통명전 터** 왕비가 머물던 내전의 으뜸 건물. 동궐도를 그릴 때에는 불에 타서 터만 남아 있었다.
- ❽ **회랑** 궁궐의 주요 건물은 지붕이 있는 복도로 연결되어 있었다.

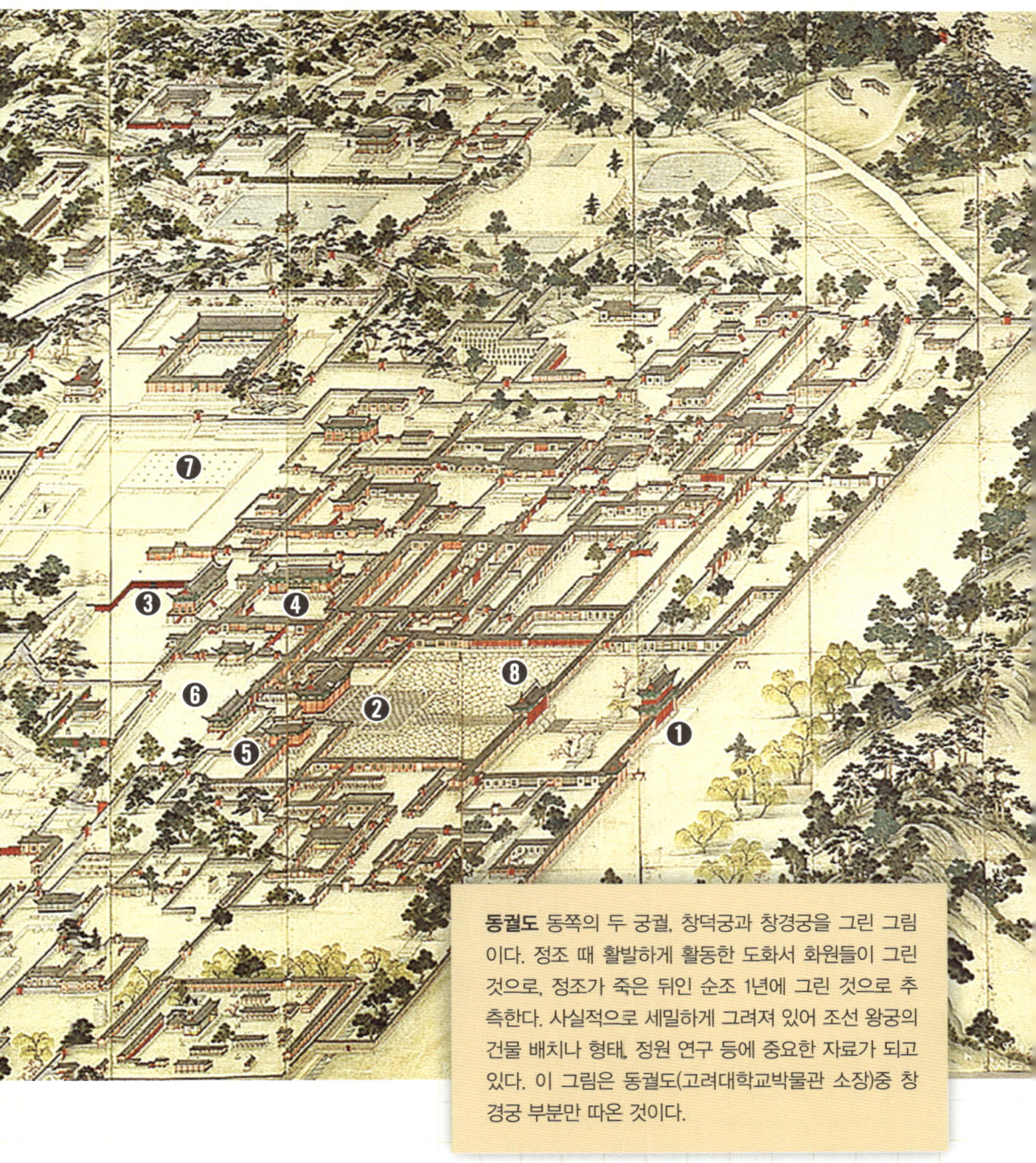

**동궐도** 동쪽의 두 궁궐, 창덕궁과 창경궁을 그린 그림이다. 정조 때 활발하게 활동한 도화서 화원들이 그린 것으로, 정조가 죽은 뒤인 순조 1년에 그린 것으로 추측한다. 사실적으로 세밀하게 그려져 있어 조선 왕궁의 건물 배치나 형태, 정원 연구 등에 중요한 자료가 되고 있다. 이 그림은 동궐도(고려대학교박물관 소장)중 창경궁 부분만 따온 것이다.

## 조선 시대 궁궐에는 어떤 사람들이 살았을까?

### 시중을 들거나 일을 하는 사람들

**궁녀** 왕족의 시중을 들었다. 후궁을 포함해 약 500여 명이 있었다.

**내시** 청소, 궐문 수비, 음식물 감독 등 궐 안의 잡무를 처리하고 왕명을 전달했다. 『경국대전』에 140명으로 정해져 있으나 실제로는 왕에 따라 인원 변동이 있었다.

**천민 일꾼** 물 긷기, 빨래, 심부름, 청소 등을 하고, 왕족의 음식과 의복을 만드는 일도 도왔다.

### 임금을 보좌하는 관료들

**승정원** 임금의 비서실 역할을 하는 기관으로, 수시로 왕에게 보고하고 명령을 받았다.

**홍문관** 국가의 문서를 관리하고 왕에게 자문하는 역할을 했다.

**어의** 임금이나 왕족의 병을 치료했다.

### 궁궐을 수비하는 병사

**수문병** 궁문을 지키는 병사들. 총 70명의 수문병이 궁문에 배치되어 수문장의 지휘를 받았다.

**금군** 궁궐을 지키는 정예군으로 2,000여 명에 이르렀다. 순번을 정해 100명씩 궁궐에 들어가 경비했다.

**일반군** 궐 안의 경비 초소들과 대궐문에서 궁궐을 지켰다.

궁궐은 임금과 왕족이 사는 곳이자 수많은 사람들의 일터였다. 약 3,000여 명이 궁궐에서 지냈는데, 궁녀와 내시는 궁궐에서 살면서 일을 했고, 관료와 군사와 천민 일꾼 등은 출퇴근을 하면서 저마다 맡은 일을 했다.

##  준호와 민호가 만난 사람들은 누구일까?

**영조** _ 조선의 제21대 왕. 당시 세력이 강하던 노론의 지지에 힘입어 왕위에 올랐다. 인재를 평등하게 고루 기용하는 '탕평책'을 실시하여 정치를 안정시켰으며, 세금을 공평하게 부과하기 위하여 '균역법'을 제정했다. 또 군포를 두 필에서 한 필로 줄이고 신문고 제도를 부활하여 백성의 고통을 덜어 주기 위해 애썼으며, 서자도  관리가 될 수 있게 하는 등 신분의 차별을 해소하기 위해 노력했다. 각종 서적을 편찬하였고, 백성들의 민심을 잘 살폈으며, 각 방면에 걸쳐 부흥기를 마련했다. 52년 간 왕위에 있다가 83세에 죽었다. 조선의 왕 가운데 가장 오랫동안 임금 자리에 있었다.

**정조** _ 조선의 제22대 왕. 영조의 둘째 아들인 사도 세자의 아들로 25세에 왕위를 계승했다. 아버지 사도 세자가 당파 싸움으로 죽임을 당했기 때문에 당파 싸움을 뿌리 뽑기 위해 탕평책을 더욱 강화했으며, 왕권 강화에 힘썼다. 규장각(조선 시대 왕실 도서관이면서 학술 및 정책을 연구한 관서)을 설치하여 신분에 상관없이 능력 있는 인재를 두루 등용하였다. 여러 책을 편찬하고 수원 화성(유네스코 지정 세계 문화유산)을 건설하는 등 문화 정치를 편 임금으로 조선 후기의 문예 부흥기를 이끌었다.

**사도 세자** _ 영조의 둘째 아들. 정조의 아버지. 이복형인 효장 세자가 일찍 죽고 영조는 40세가 넘었으므로, 태어난 지 1년 만에 왕세자에 책봉되었다. 열다섯 살 때부터 영조를 대신해 대리청정(왕을 대신해 세자가 정치를 함)을 했다. 아버지인 영조, 노론 세력과의 갈등으로 비참히 죽었다.

**혜경궁 홍씨** _ 사도 세자의 부인이자 정조의 어머니. 열 살에 궁에 들어와 세자빈이 되었으나, 스물여덟 살에 남편이 죽는 비운을 겪었다. 환갑을 맞은 해에 자신의 일생을 돌아보며 한중록을 썼다. 《한중록》은 궁중 생활과 왕실의 주요 사건들이 멋스러운 옛말과 궁중 용어로 쓰여 있어 역사적, 문학적으로 가치가 높다. 사도 세자의 죽음에 관한 이야기도 자세히 쓰여 있다.

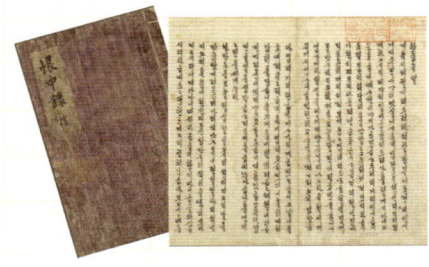

**《한중록》**
혜경궁 홍씨가 자신의 일생을 돌아보며 쓴 회고록. 모두 4편으로 되어 있으며, 《인현왕후전》과 함께 궁중 문학의 쌍벽을 이룬다.
(서울대학교 규장각한국학연구원 소장)

**규장각**
정조가 왕위에 오른 해에 세운 왕실 도서관. 많은 책을 펴내며 조선 후기 학문과 예술 연구의 중심이 되었다.
◀ 창덕궁 주합루. 1층에 도서관인 규장각이 있었고, 2층은 열람실이었다.

##  영조는 왜 사도 세자를 죽였을까?

영조는 왕위에 오르자 당파 싸움의 문제를 없애기 위해 탕평책을 실시하여 정치를 안정시켰다. 그러나 노론의 힘을 얻어 왕이 되었기 때문에 영조는 노론의 눈치를 보지 않을 수 없었다.

한편 어릴 때부터 영특했던 세자는 노론과 사이가 좋지 않은 소론의 편에서 노론의 횡포를 비판하며 노론에 맞섰다.

이에 노론의 지지를 받고 왕위에 오른 영조는 정치적으로 난처한 입장에 놓이게 된다. 노론은 끊임없이 세자를 모함했고, 끝내는 대궐의 일꾼이었던 나경언으로 하여금 세자의 비행을 지적한 상소를 올리게 한다.

나경언의 상소에는 마치 세자가 역모를 꾀한 듯 "변란이 눈앞에 닥쳐 왔다."고 적혀 있었다.

이에 격노한 영조는 세자를 불러 칼을 주며 스스로 목숨을 끊으라고 명령했다. 그러나 세자가 자결하지 않자 신분을 서인(서민)으로 낮추고 뒤주에 가두어 8일 만에 죽게 했다.

영조는 세자가 죽은 뒤 바로 '사도(思悼. 그 죽음을 깊이 헤아리고 애도함)'라는 시호를 내렸다. 또 훗날 세자의 아들인 왕세손을 왕위에 앉힘으로써 정치 안정을 이루고 조선 후기 문예 부흥기의 기초를 다졌다.

**탕평채**
청포묵 무침을 말한다. 조선 영조 때 탕평책을 논하는 자리의 음식상에 처음 올랐다고 하여 탕평채라 부르게 되었다고 전해진다.

**사도 세자 묘**
정조는 왕위에 오른 날 대신들을 처음 만난 자리에서 "나는 사도 세자의 아들이다."라고 밝혔다. 그 후 1789년(정조 13년)에 양주 배봉산(현재의 서울시립대 자리)에 있던 아버지의 묘를 수원 화산으로 옮겼다. 정조는 이곳을 현륭원이라 이름 짓고 왕위에 있는 동안 12번이나 행차했다. 수원 화산은 현재 화성시에 속해 있고 사도 세자의 묘는 혜경궁 홍씨와 합장해 '융릉'이라고 부른다.

### 사진 자료 출처 및 제공

28P **경복궁** 한국관광공사(유니에스아이엔씨 이승훈)
30P **창경궁 명정전** 문화재청 궁능유적본부
39P **휘령전** 문화재청
55P **《광명 금오계첩》** 문화재청
63P **경춘전** 문화재청
75P **창경궁 홍화문** 문화재청
77P **명정전** 문화재청
86P **드므** 한국관광공사
107P **동궐도** 고려대학교박물관
110P **영조어진** 문화재청
111P **창덕궁 주합루** 문화재청
111P **《한중록》** 서울대학교 규장각한국학연구원
113P **탕평채** 국립민속박물관
113P **융릉(사도세자 묘)** 문화재청

## 마법의 두루마리 4
뒤주에 갇힌 사도 세자

ⓒ 강무홍, 이정강, 2024

**1판 1쇄 펴낸날** 2024년 1월 22일
**1판 2쇄 펴낸날** 2024년 10월 1일
**글** 강무홍 **그림** 이정강 **감수** 신병주
**편집** 우순교 **디자인** 박정아
**펴낸이** 강무홍 **펴낸곳** 햇살과나무꾼
**등록** 2009년 07월 08일(제313-2004-54)
**주소** 서울시 영등포구 당산로54길 11 상가 305호
**전화** 02-324-9704
**전자우편** namukun@namukun.com
ISBN 979-11-976957-6-6(73810)

* 신저작권법에 따라 한국 내에서 보호를 받는 저작물이므로 무단 전재와 무단 복제를 금합니다.